ቤት-ትምህርቲ - skola 2
መገሻ - ceļojums 5
መጓዓዝያ - transports 8
ከተማ - pilsēta 10
ስእሊ መሬት - ainava 14
ቤት-መግቢ - restorāns 17
ሱፐርማርከት - lielveikals 20
መስተ - dzērieni 22
መግቢ - ēdiens 23
ቤት ሕርሻ - zemnieku saimniecība 27
ገዛ - māja 31
ክፍሊ ምቕማጥ - viesistaba 33
ክሽነ - virtuve 35
ክፍሊ ባንዮ - vannas istaba 38
ክፍሊ ቆልዑ - bērnu istaba 42
ክዳን - apģērbs 44
ቤት ጽሕፈት - birojs 49
ቍጠባ - ekonomika 51
ሞያታት - profesijas 53
ናውቲ - instrumenti 56
መሳርሒ ሙዚቃ - mūzikas instrumenti 57
መካነ እንስሳታት - zooloģiskais dārzs 59
ስፖርት - sports 62
ንጥፈታት - darbības 63
ስድራቤት - ģimene 67
ኣካላት - ķermenis 68
ሆስፒታል - slimnīca 72
ህጹጽ ኩነት - ārkārtas gadījums 76
ምድሪ - zeme 77
ሰዓት - pulkstenis 79
ሰሙን - nedēļa 80
ዓመት - gads 81
ቅርጽታት - formas 83
ሕብርታት - krāsas 84
ኣንጻራት - pretstati 85
ቁጽርታት - skaitļi 88
ቋንቋታት - Valodas 90
መን / እንታይ / ከመይ - kas / ko / kā 91
ኣበይ - kur 92

Impressum
Verlag: BABADADA GmbH, Nedderfeld 112 , 22529 Hamburg
Geschäftsführer / Verlagsleitung: Harald Hof
Druck: Books on Demand GmbH, In de Tarpen 42, 22848 Norderstedt

Imprint
Publisher: BABADADA GmbH, Nedderfeld 112 , 22529 Hamburg, Germany
Managing Director / Publishing direction: Harald Hof
Print: Books on Demand GmbH, In de Tarpen 42, 22848 Norderstedt, Germany

1

ቤት-ትምህርቲ

skola

ክፍሊ ክላስ
klases telpa
መቀለ
dalīt
186/2
ሰሌዳ
tāfele
skolas pagalms
መምህር
skolotājs
ወረቐት
papīrs
rakstīt
መጽሓፊ
pildspalva
ጣውላ ምጽሓፍ
rakstāmgalds
መስመር
lineāls
መጽሓፍ
grāmata
ተመሃራይ
skolēns

ሳንጣ ትምህርቲ

skolas soma

ሰፈር ብርዒ

penālis

ርሳስ

zīmulis

መብልሒ ርሳስ

zīmuļu asināmais

መደምሰሲ

dzēšgumija

ጥራዝ ስእሊ

zīmēšanas bloks

ስእሊ

zīmējums

ብርዒ ቀለም

ota

ቦክስ ቀለም

krāsas

መቐስ

šķēres

መጣበቒ

līme

ጥራዝ መላመዲ

darba burtnīca

ዕዮ ገዛ

mājas darbs

ቁጽሪ

skaitlis

ወሰኸ

saskaitīt

ጎደለ

atņemt

ረብሐ

reizināt

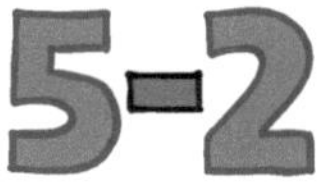

ደመረ

rēķināt

A

ፊደል

burts

ABCDEFG
HIJKLMN
OPQRSTU
VWXYZ

ስርዓት ፊደላት

alfabēts

hello

ቃል

vārds

ጽሑፍ

teksts

ኣንበበ

lasīt

ኩርሽ

krīts

ሰዓት

mācību stunda

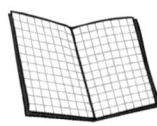

መዝገብ ክላስ

žurnāls

መርመራ

eksāmens

ሰርቲፊከት

liecība

ድቢዛ ቤትትምህርቲ

skolas forma

ትምህርቲ

izglītība

ለክሲኮን

enciklopēdija

ዩኒቨርሲቲ

universitāte

ሚክሮስኮፕ

mikroskops

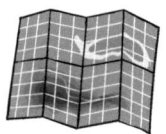

ካርታ

karte

ጎሓፍ ወረቐት

papīrgrozs

viesnīca
Grand
ሆስተል
hostelis
ROOMS
ቦታ ቅያር ገንዘብ
valūtas maiņas punkts
ባሊጃ
čemodāns
መኪና
automašīna

ቋንቋ

Valoda

እወ / ኖ

jā / nē

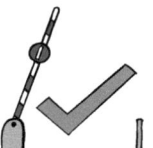

ሕራይ

Okay

ሰላም

Sveiki!

ኣስተርጓሚ

tulks

የቐንየለይ

paldies

. . . ክንደይ ዋግኡ?

Cik maksā…?

ኣይተረድኣኹን

Es nesaprotu

ሽግር

problēma

ሰላም ምሸት!

Labvakar!

ከመይ ሓዲርካ

Labrīt!

ሰላም ለይቲ

Ar labu nakti!

ደሓን ኩን

Uz redzēšanos

ኣንፈት

virziens

ጉዓዝ

bagāža

ሳንጣ

soma

ሳንጣ ሕቖ

mugursoma

ጋሻ

viesis

ክፍሊ

istaba

ክሻ መደቐሲ

guļammaiss

ቴንዳ

telts

ሓበሬታ በጻሕቲ ሃገር
....
tūrisma informācija

ገምገም ባሕሪ
....
pludmale

ክረዲት ካርድ
....
kredītkarte

ቁርሲ
....
brokastis

ምሳሕ
....
pusdienas

ድራር
....
vakariņas

ቲከት
....
biļete

ሊፍት
....
lifts

ማሕተም ደብዳበ
....
pastmarka

ዶብ
....
robeža

ድጓና
....
muita

ኣምባሲ
....
vēstniecība

ቪዛ
....
vīza

ፓስፖርት
....
pase

transports

ነፋሪት
lidmašīna

መርከብ
kuģis

መኪና መጥፍኢ ሓዊ
ugunsdzēsēju mašīna

ናይ ጽዕነት መኪና
kravas automašīna

ኣውቶቡስ
autobuss

ጃልባ ሞቶር
motorlaiva

ብሽግለታ
velosipēds

መኪና
automašīna

ፈሪ
prāmis

ጃልባ
laiva

ሞቶ
motocikls

መኪና ፖሊስ
policijas automašīna

መኪና ቅድድም
sacīkšu automobilis

ክራይ መኪና
nomas auto

ምውፉይ መካይን

....

auto koplietošana

መወሰዲ መኪና

....

evakuators

መኪና ጎሓፍ

....

atkritumu mašīna

ሞቶር

....

dzinējs

ነዳዲ

....

benzīns

እንዳ ነዳዲ

....

degvielas uzpildes stacija

ምልክት ትራፊክ

....

ceļa zīme

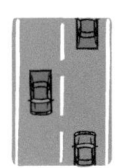

ትራፊክ

....

satiksme

ምጭቕጫቕ ትራፊክ

....

sastrēgums

መዐሸጊ መኪና

....

stāvvieta

መዕረፊ ባቡር

....

dzelzceļa stacija

ሓዲግ

....

sliedes

ባቡር

....

vilciens

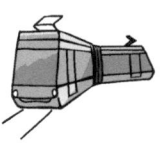

ትረም

....

tramvajs

ባጎኒ

....

vagons

ሄሊኮፕተር
....
helikopters

መዓረፊ ነፈርቲ
....
lidosta

ታወር
....
tornis

ተጐዓዚ
....
pasažieris

ኮንተይነር
....
konteiners

ሳንዱቕ ካርቶን
....
kaste

ኮርሳ ጽዕነት
....
ratiņi

ዘንቢል
....
grozs

ተበገሰ / ዓለበ
....
pacelties / nosēsties

ከተማ

pilsēta

ቀኣሸት
....
ciems

ማእከል ከተማ
....
pilsētas centrs

ገዛ
....
māja

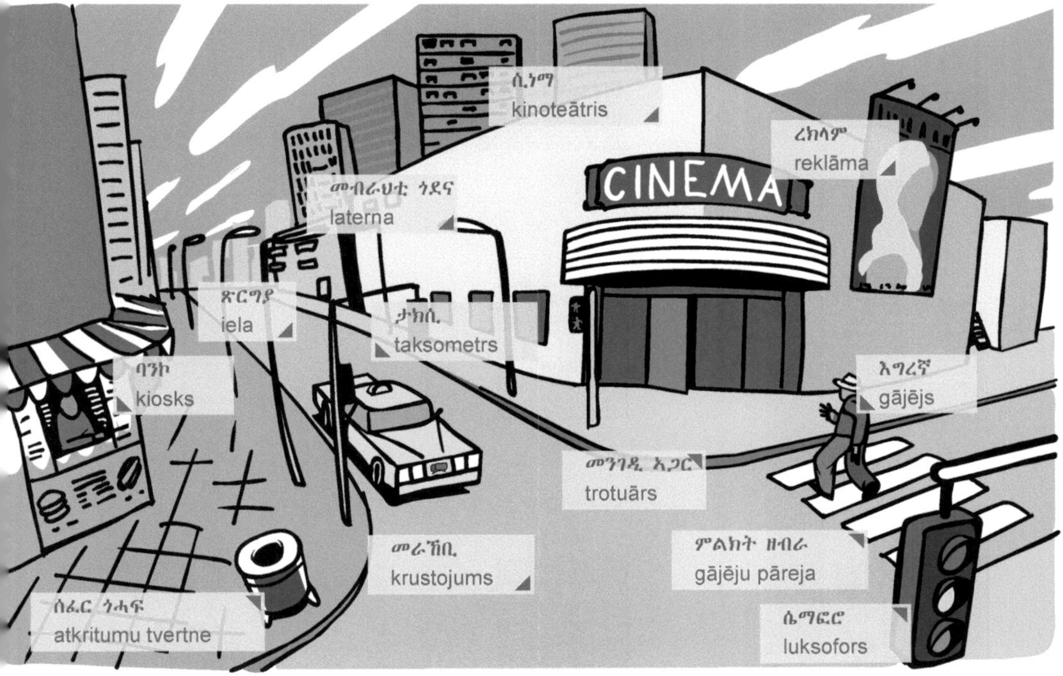

ሲነማ
kinoteātris
CINEMA
ረክላም
reklāma
መብራህቲ ጎደና
laterna
ጽርግያ
iela
ታክሲ
taksometrs
ባንኮ
kiosks
እግረኛ
gājējs
መንገዲ እጋር
trotuārs
መራኸቢ
krustojums
ምልክት ዘብራ
gājēju pāreja
ሰፈር ጎሓፍ
atkritumu tvertne
ሴማፎሮ
luksofors

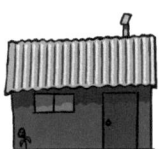

ኣጉዶ

būda

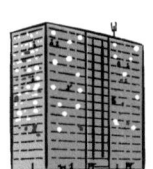

ኣፓርትመንት

dzīvoklis

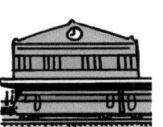

መዕረፊ ባቡር

dzelzceļa stacija

ቤት ምምሕዳር

rātsnams

MUSEUM

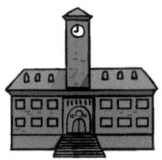

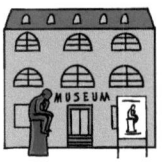

ቤተ መዘክር

muzejs

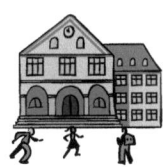

ቤት-ትምህርቲ

skola

ዩኒቨርሲቲ

universitāte

ባንክ

banka

ሆስፒታል

slimnīca

መቐበሊ ኣጋይሽ

viesnīca

ቤት መድሃኒት

aptieka

ቤት ጽሕፈት

birojs

ዱኳን መጽሓፍቲ

grāmatnīca

ዱኳን

veikals

ዱኳን ዕንባባ

ziedu veikals

ሱፐርማርከት

lielveikals

ዕዳጋ

tirgus

ሹቕ

tirdzniecības centrs

ነጋዳይ ዓሳ

zivju tirgotājs

ሹቕ

tirdzniecības centrs

መርሳ

osta

መዘናግዒ

parks

ባንኪ

sols

ድልድል

tilts

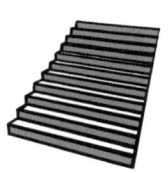

መደያይቦ

kāpnes

ባቡር ትሕቲ ምድሪ

metro

ቢንቶ

tunelis

መዕረፊ ኣውቶቡስ

autobusa pieturvieta

ቤት መስተ

bārs

ቤት-መግቢ

restorāns

ሰታሪት

pastkastīte

ታቤላ

ielas nosaukuma plāksne

ሰዓት ፓርኪንግ

stāvlaika skaitītājs

መካነ እንስሳታት

zooloģiskais dārzs

መሓምበሲ

peldbaseins

መስጊድ

mošeja

ቤት ሕርሻ

zemnieku saimniecība

ብከላ

vides piesārņojums

መቓብር

kapsēta

ቤተክርስትያን

baznīca

ቦታ ምጽዋት

spēļu laukums

ቤት መቕደስ

templis

ስእሊ መሬት

ainava

አቝጻልቲ
lapa

መሕበሪ መገዲ
ceļrādis

መገዲ
ceļš

ሸኻ
pļava

እምኒ
akmens

ኮብላሊ
ceļotājs

አግራብ
koks

ፈለግ
upe

ሳዕሪ
zāle

ዕንባባ
puķe

ስንጭሮ

ieleja

ጎቦ

kalns

ቀላይ

ezers

ዱር

mežs

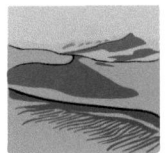

ምድረ በዳ

tuksnesis

እሳተ-ጎመራ

vulkāns

ግምቢ

pils

ቀስተ-ደመና

varavīksne

ቃንጥሻ

sēne

ዓርኮብኮባይ

palma

ጣንጡ

moskīts

ሃመማ

muša

ጻጸ

skudra

ንህቢ

bite

ሳሬት

zirneklis

ሕንዚዝ

vabole

ዕንቅርዖብ

varde

ምጽጹላይ

vāvere

ቅንፍዝ

ezis

ማንቲለ

zaķis

ጉንጓ

pūce

ጭሩ

putns

ስዋን

gulbis

መፍለስ

meža cūka

ዓጋዘን

briedis

ሙስ

alnis

ግድብ

aizsprosts

ተርባይን ንፋስ

vēja ģenerators

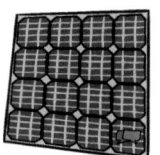

ሶላር ስርሓት

saules baterija

ኩነታት ኣየር

klimats

ቤት-መግቢ
restorāns

viesmīlis
ካርታ መግብታት
ēdienkarte
መንበር
krēsls
zupa
ፒትሳ
pica
መመታተሪ
galda piederumi
ክዳን ጣውላ
galdauts

ቅድመ ቀንዲ መግቢ
uzkoda

ቀንዲ መኣዲ
pamatēdiens

ድሕረ መግቢ
deserts

መስተ
dzērieni

መግቢ
ēdiens

ጥርሙዝ
pudele

ስሉጥ መግቢ

ātrās uzkodas

መግቢ ጽርግያ

ielu uzkodas

ብርጭቆ ሻሂ

tējkanna

ታኒካ ሽኮር

cukurtrauks

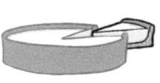

ክፋል

porcija

ማሺን ኤስፕረሶ

espresso kafijas automāts

ነዊሕ መንበር

bāra krēsls

ጸብጻብ

rēķins

ታብለት

paplāte

ካራ

nazis

ፋርክታ

dakša

ማንካ

karote

ማንካ ሻሂ

tējkarote

ሰርቬየተ

salvete

ብኬሪ

glāze

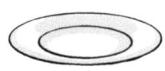

ሽሓኒ
....
šķīvis

ሽሓኒ መረቕ
....
zupas šķīvis

ትሕቲ ኩባያ
....
apakštase

ጸብሒ
....
mērce

ወሃቢ ጨው
....
sāls trauciņš

መጥሓን በርበረ
....
piparu dzirnaviņas

ኣቸቶ
....
etiķis

ዘይቲ
....
eļļa

ቀመም
....
garšvielas

ከቹፕ
....
kečups

ኣድሪ
....
sinepes

ማዮኒዝ
....
majonēze

ሱፐርማርክት

lielveikals

ወፈያ
piedāvājums
ዓሚል
klients
FOR
ፍርያታት ጸባ
piena produkti
ፍረታት
augļi
ሰረገላ ዱኳን
iepirkumu ratiņi

BUTCHERS

እንዳ ስጋ

kautuve

BAKERY

እንዳ ባኒ

maizes veikals

ክብደት

svērt

ኣሕምልቲ

dārzeņi

ስጋ

gaļa

መግቢ ፍሪጅ በረድ

saldēti produkti

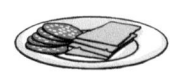

ዝሑል ቅሩብ መግቢ

auksts gaļas uzkodas

እስቃጥላ

konservi

ኦሞ

pulveris

ምቁር መግቢ

saldumi

ዘቤታውያን ኣቕሑ

mājsaimniecības preces

ናውቲ መጸረዩ

tīrīšanas līdzeklis

ሸቃጣይ

pārdevēja

ካሳ

kase

ተሓዝ ገንዘብ

kasieris

ዝርዝር ምግዛእ

iepirkumu saraksts

ክፉት ሰዓታት

darba laiks

ማሕፉዳ

maks

ክረዲት ካርድ

kredītkarte

ሳንጣ

soma

ፌስታል

maisiņš

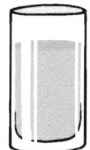

መስተ

dzērieni

ማይ

ūdens

ጽማቕ

sula

ጸባ

piens

ኮላ

kola

ነቢት

vīns

ቢራ

alus

ኣልኮል

alkohols

ካካው

kakao

ሻሂ

tēja

ቡን

kafija

ኤስፕረሶ

espresso

ካፑቺኖ

kapučīno

ባናና

banāns

ቱፋሕ

ābols

ኣራንሺ

apelsīns

ብርጭቕ

melone

ለሚን

citrons

ካሮት

burkāns

ጻዕዳ ሽጉርቲ

ķiploks

ባምቡስ

bambuss

ሽጉርቲ

sīpols

ቅንጥሻ

sēne

ፉል

rieksti

ፓስታ

makaroni

ስፓገቲ

spageti

ሩዝ

rīsi

ሰላጣ

salāti

ቅልዋ ድንሽ

frī kartupeļi

ቅሉው ድንሽ

cepti kartupeļi

ፒትሳ

pica

ሃምቡርገር

hamburgers

ፓኒኖ

sviestmaize

ቢስተካ

šnicele

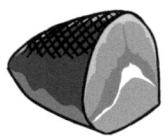

ሰለፍ ሓሰማ

šķiņķis

ሳላሚ

salami

ግዕዝም

desa

ደርሆ

vista

ቀለወ

cepetis

ዓሳ

zivs

ገዓት

auzu pārslas

ሙስሊ

muslis

ኮርንፍለይክስ

brokastu pārslas

ሓርጭ

milti

ክሮሶን

radziņš

ባኒ

brokastu maizītes

ባኒ

maize

ቶስት

tostermaize

ብሽኮቲ

cepumi

ጠስሚ

sviests

ርግኦ

biezpiens

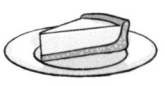

ፓስተ

kūka

እንቋቑሓ

ola

ቅሉው እንቋቑሓ

cepta ola

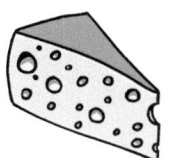

ፋርማጆ

siers

አይስ ክሪም

....

saldējums

ሽኮር

....

cukurs

መዓር

....

medus

ጆም

....

marmelāde

ኑጋት-ክረም

....

riekstu krēms

ኩሪ

....

karijs

ቤት ሕርሻ
zemnieku saimniecība

zemnieka māja
መኽዘን
šķūnis
ሓሰር ቦንዳ
salmu rullis
ግራት
lauks
ፈረስ
zirgs
ተስሓቢ
piekabe
ትራክተር
traktors
ዒሎ
kumeļš
ēzelis
በጊዕ
aita
ዕየት
jērs

ጤል

kaza

ብዕራይ

govs

ምራኽ

teļš

ሓሰማ

cūka

ውላድ ሓሰማ

sivēns

ኣርሓ

bullis

ዓዓ

....

zoss

ማይ ደርሆ

....

pīle

ጫቑት

....

cālis

ደርሆ

....

vista

ኣርሓ ደርሆ

....

gailis

ኣንጨዋ ዓባይ

....

žurka

ድሙ

....

kaķis

ኣንጭዋ

....

pele

ብዕራይ

....

vērsis

ከልቢ

....

suns

ኣጕዶ ከልቢ

....

suņa būda

ቱባ ጀርዲን

....

dārza šļūtene

መዝፈፊ ማይ

....

lejkanna

ዓቢ ማዕጺድ

....

izkapts

ማሕረሻ

....

arkls

ማዕጺድ

sirpis

ጭኽሮ

kaplis

መስአ

mēslu dakša

ፋስ

cirvis

ዓረብያ ኢድ

ķerra

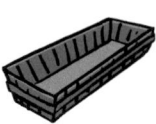

ጋብላ

sile

ብርጭቆ ጸባ

piena kanna

ክሻ

maiss

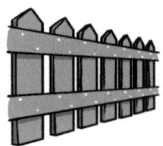

ሓጹር

žogs

መጓሰስ

kūts

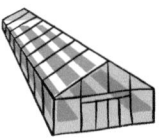

ቐጠልያ ገዛ

siltumnīca

ባይታ

augsne

ዘርኢ

sēklas

ድኹዒ

mēslojums

ዘጣምር ቀውዓይ

kombains

ቀውዐ

....

novākt ražu

ጻማ

....

raža

ድንሽ ያም

....

jamss

ስርናይ

....

kvieši

ሶያ

....

soja

ድንሽ

....

kartupelis

ዕፉን

....

kukurūza

ራፕስ

....

rapsis

ገረብ ፍረታት

....

augļu koks

ማኒኦክ

....

manioka

ኣእኻል

....

labība

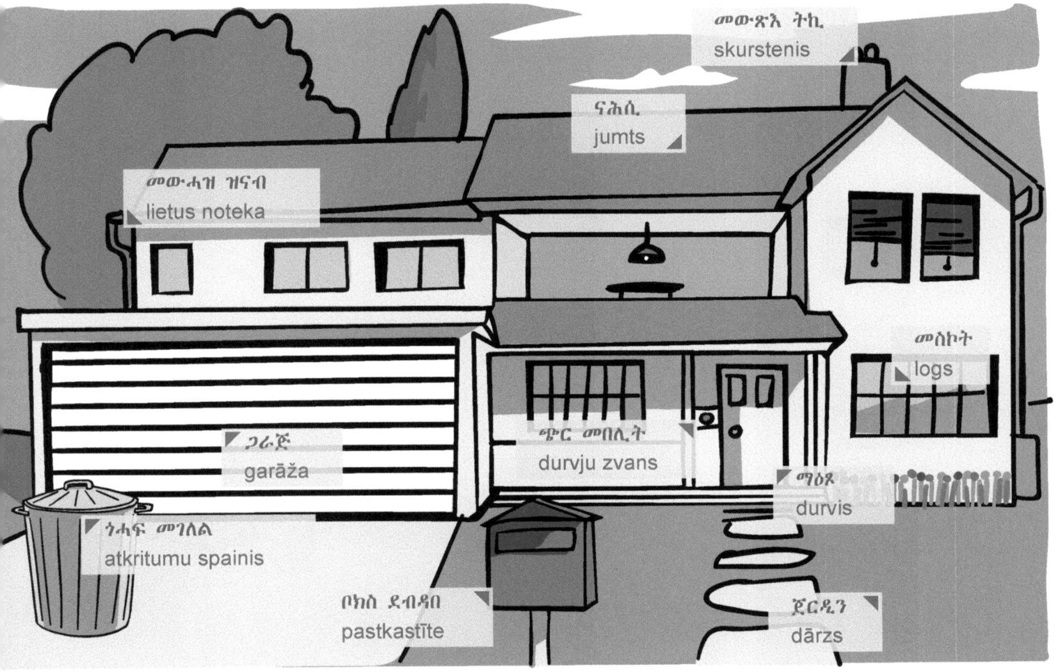

መውጽእ ትኪ
skurstenis

ናሕሲ
jumts

መውሓዝ ዝናብ
lietus noteka

መስኮት
logs

ጌራጅ
garāža

ጭር መበሊት
durvju zvans

ማዕጾ
durvis

ጎሓፍ መገለል
atkritumu spainis

ቦክስ ደብዳቤ
pastkastīte

ጀርዲን
dārzs

ክፍሊ ምቕማጥ
....
viesistaba

ክፍሊ ባንዮ
....
vannas istaba

ክሽነ
....
virtuve

ክፍሊ መደቀሲ
....
guļamistaba

ክፍሊ ቆልዑ
....
bērnu istaba

መመገቢ ክፍሊ
....
ēdamistaba

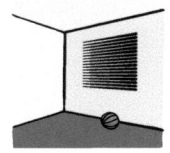

ባይታ

grīda

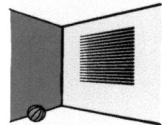

መንደቕ

siena

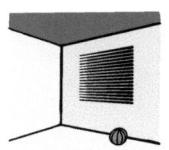

ከቦርታ

griesti

ካንቲና

pagrabs

ሳውና

sauna

ባልኮን

balkons

ዛላ

terase

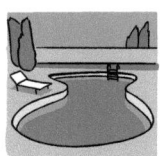

መሕምበሲ

baseins

መቑረጺ ሳዕሪ

zāles pļāvējs

ኣንሶላ ዓራት

gultas veļa

ከቦርታ ዓራት

sega

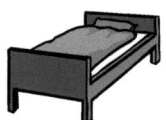

ዓራት

gulta

መኾስተር

slota

መገለል

spainis

መወልዒት

slēdzis

ክፍሊ ምቕማጥ
viesistaba

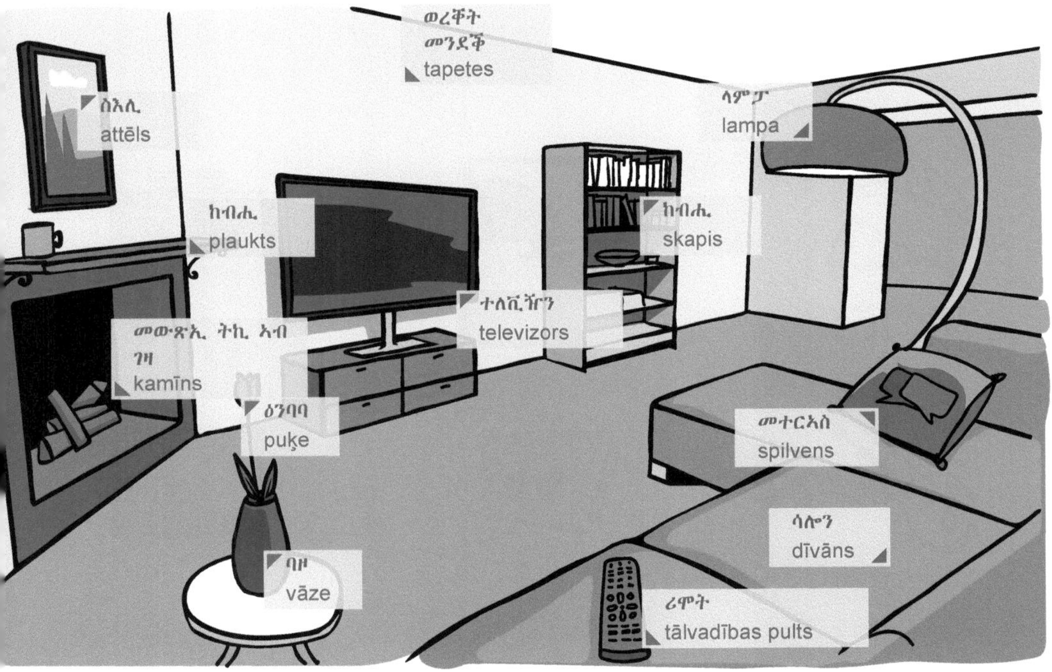
ወረቐት መንደቕ
tapetes
ስእሊ
attēls
ላምፓ
lampa
ከብሒ
plaukts
ከብሒ
skapis
ተለቪዥን
televizors
መውጽኢ ትኪ ኣብ ገዛ
kamīns
ዕንባባ
puķe
መተርኣስ
spilvens
ሳሎን
dīvāns
ባዞ
vāze
ሪሞት
tālvadības pults

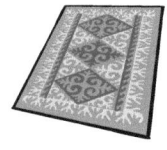

መንጸፍ

paklājs

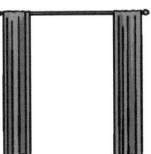

መጋረጃ

aizkars

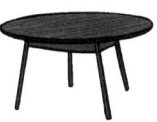

ጣውላ

galds

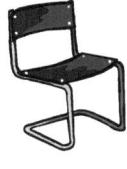

መንበር

krēsls

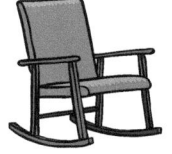

ሰለል ዝብል መንበር

šūpuļkrēsls

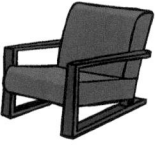

መንበር ምቹእ

atpūtas krēsls

መጽሓፍ

grāmata

ክቦርታ

sega

ስልማት

dekorācija

እንጨይቲ ሓዊ

malka

ፊልም

filma

ስተሪዮ

mūzikas centrs

መፍትሕ

atslēga

ጋዜጣ

avīze

ቕብኣ

glezna

ፖስተር

plakāts

ረድዮ

radio

ጥራዝ

pierakstu bloci̦ņš

መልገሲ ደሮና

putekļu sūcējs

በለስ

kaktuss

ሽምዓ

svece

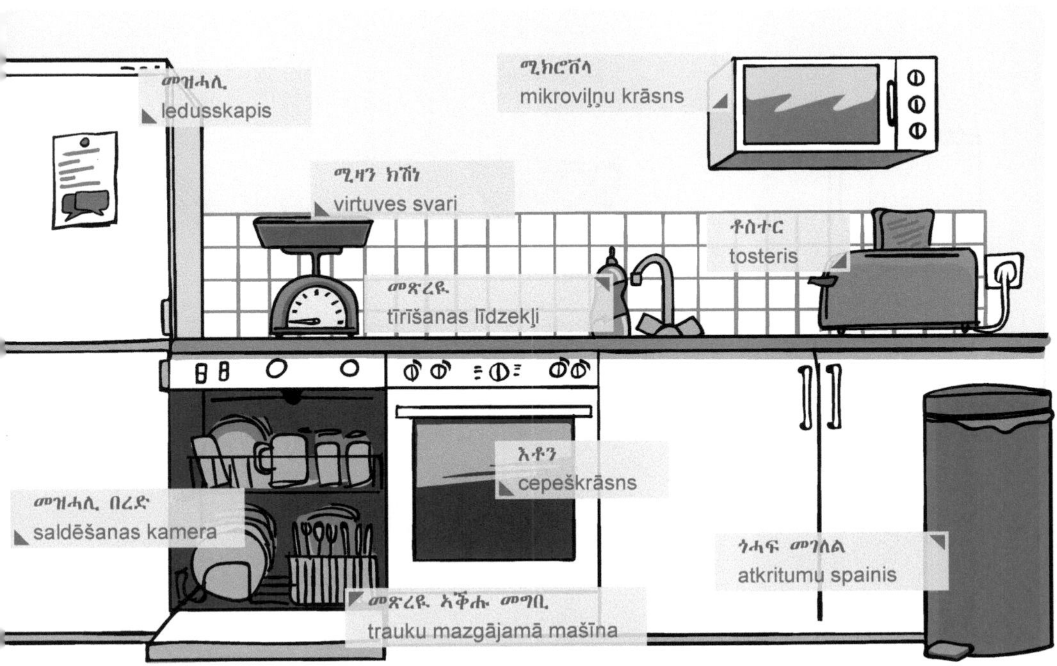

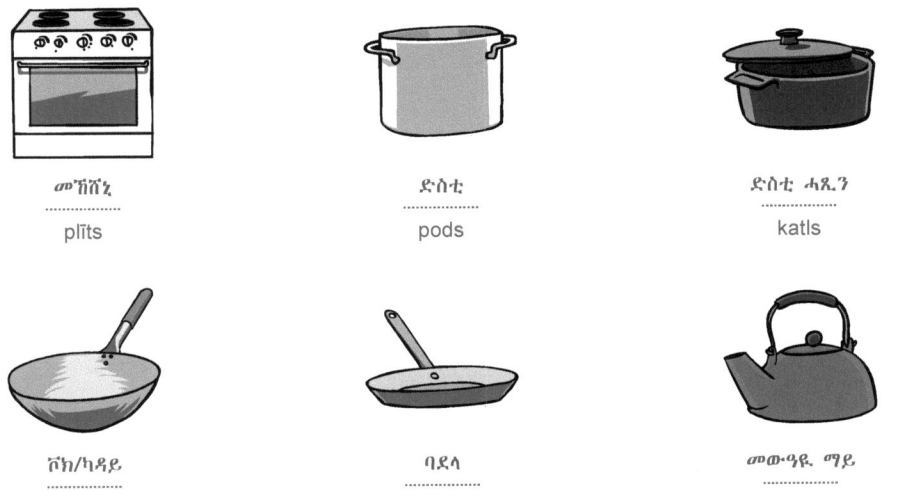

ክሽነ
virtuve

መዝሓሊ
ledusskapis
mikroviļņu krāsns
ሚዛን ክሽነ
virtuves svari
ቶስተር
tosteris
መጽረዪ
tīrīšanas līdzekļi
እቶን
cepeškrāsns
መዝሓሊ በረድ
saldēšanas kamera
ጎሓፍ መገለል
atkritumu spainis
መጽረዪ ኣቕሑ መግቢ
trauku mazgājamā mašīna

መኽሸኒ

plīts

ድስቲ

pods

ድስቲ ሓጺን

katls

ቮክ/ካዳይ

Wok panna

ባደላ

panna

መውዓዪ ማይ

elektriskā tējkanna

ክሽነ - virtuve

መፍልሒ

....

tvaika katls

ጓንቴራ ምስንካት

....

cepešpanna

ኣቕሑ መግቢ

....

trauki

ብርጭቆ

....

krūze

ጭሖሎ

....

bļoda

ማንካቺና

....

irbulīši

ማንካ መረቕ

....

kauss

መገልበጢ ባደላ

....

lāpstiņa

መኾስተር ውርጪ

....

putošanas slotiņa

መንፊት መግቢ

....

sietiņš

መንፊት

....

siets

መፋሕፍሒ

....

rīve

ሞርታር

....

piesta

ባርቢክዩ

....

grilēt

ስፍራ ሓዊ

....

atklāts pavards

እንጨይቲ ምምታር

....

dēlis

እንጨይቲ ኰረር

....

mīklas rullis

መኽፈት ቡሽ

....

korķu viļķis

ታኒካ

....

bundža

መኽፈቲ ታኒካ

....

konservu nazis

ጨርቂ ድስቲ

....

virtuves cimdi

ቡምባ

....

izlietne

ኣስባስላ

....

birste

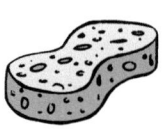

ሰፍነግ

....

sūklis

ሓዋሲ ኣደባላቒ

....

mikseris

መዝሓሊ በረድ

....

saldētava

ጥርሙዝ ማማይ

....

bērna pudelīte

ቡምባ ማይ

....

ūdenskrāns

ክፍሊ ባንዮ

vannas istaba

መውዓዪ
apkure
መሕጸቢ ሻወር
duša
ሽጎማኖ
dvielis
ሻወር መጋረጃ
dušas aizkari
መሕጸቢ ዓፍራ
vannas putas
ባንዮ መሕጸቢ
vanna
glāze
veļas mašīna
ቡምባ ማይ
ūdenskrāns
flīzes
ድስቲ
podiņš
ቡምባ
izlietne

ሽቓቕ

tualetes pods

ሽቓቕ ኮፍ

Āzijas tipa tualete

በዴ

bidē

ሽቓቕ ተባዕታይ

pisuārs

ወረቐት ሽቓቕ

tualetes papīs

ኣስባስላ ሽቓቕ

tualetes birste

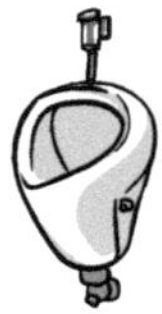

ኣስባስላ ስኒ

zobu birste

ክረማ ስኒ

zobu pasta

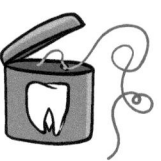

ሃሪ ስኒ

zobu diegs

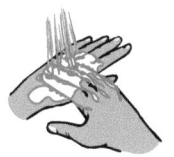

ሓጸበ

mazgāt

ዱሽ ኢድ

rokas duša

ዱሽ

duša

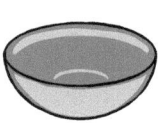

ብርጭቆ ምሕጻብ

bļoda

ኣስባስላ ሕቖ

muguras mazgāšanas birste

ሳምና

ziepes

ሻወር ጀል

dušas želeja

ሻምፑ

šampūns

ጨርቂ መሕጸቢ

mazgāšanas drāna

መውሓዚ

noteka

ክረማ

krēms

ደዮ ጨና

dezodorants

መስትያት

spogulis

ናይ ኢድ መስትያት

spogulītis

መላጸ

skuveklis

ዓፍራ ምልጻይ

skūšanās putas

ጨና ድሕሪ ምልጻይ

losjons pēc skūšanās

መመሸጥ

ķemme

ኣስባስላ

matu suka

መንቐጺ ጸግሪ

matu fēns

ስፕረይ ጸግሪ

matu laka

መመላኽዒ

grima komplekts

ብርዒ ቀለም ከንፈር

lūpu krāsa

ኣዝማልቶ

nagulaka

ጸምሪ ጡጥ

vate

መስደዲ ጽፍሪ

šķērītes

ጨና

smaržas

ሳንጣ መሕጸቢ

....

kosmētikas maks

ድኳ

....

ķeblītis

ሚዛን

....

svari

ክዳን መሕጸቢ

....

halāts

ጓንቲ መጸረዩ

....

tīrīšanas cimdi

ታምፖን

....

tampons

ጨርቂ ሰበይቲ

....

pakete

ሽቓቕ ከሚስትሪ

....

ķīmiskā tualete

ክፍሊ ቆልዑ

bērnu istaba

ኣላርም መተስኢ
modinātājs
መጻወቲ እንስሳ
mīkstā rotaļlieta
መጻወቲ መኪና
spēļu automašīna
ኳሕኳሕ መበሊ
grabulis
ቤት ባምቡላ
leļļu māja
ህያብ
dāvana

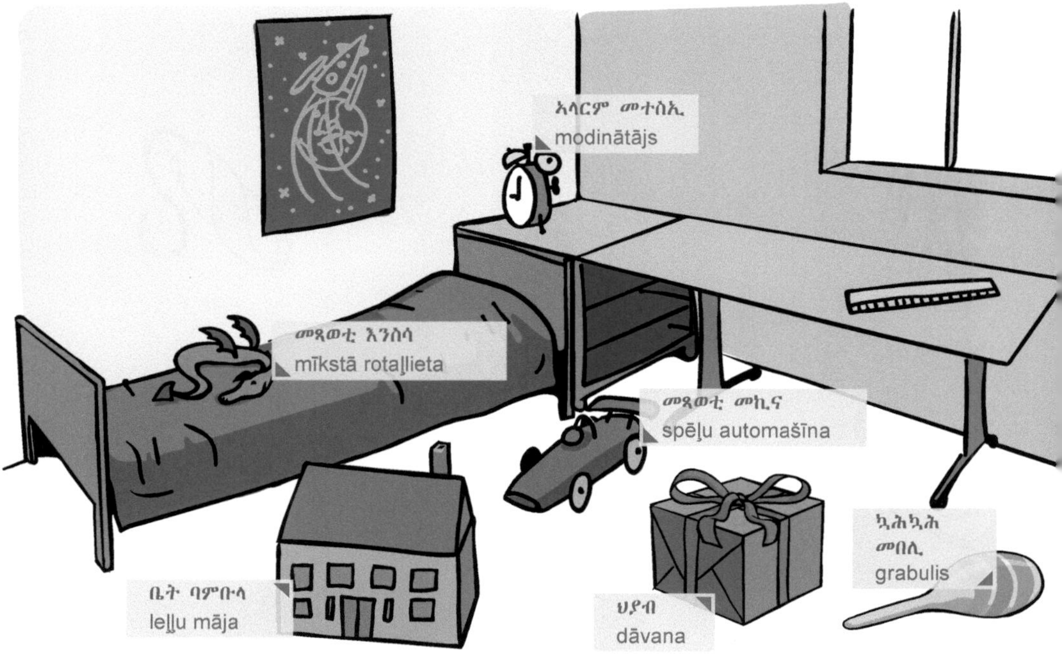

ባላንችና

balons

ዓራት

gulta

ሰረገላ ህጻን

bērnu ratiņi

ጸወታ ካርታ

kārtis

ሕንቅሊተይ

puzle

ኮሜዲ

komikss

እምንታት መጻወቲ ለጎ

LEGO klucīši

መጻወቲ እምንታት

klucīši

በዓል ኣክቾን

varoņu figūra

ክዳን ማማይ

rāpulītis

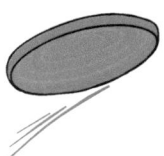

ፍሪስቢ

lidojošais šķīvītis

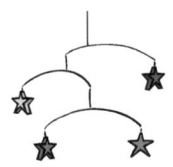

ሞባይል ማማይ

muzikālais karuselis

ጸወታ ሰሌዳ

galda spēle

ኩቦ

metamais kauliņš

ሞደል ባቡር ምድሪ

rotaļu dzelzceļš

ዓባስ

māneklis

ፓርቲ

ballīte

መጽሓፍ ስእሊ

bilžu grāmata

ኩዕሶ

bumba

ባምቡላ

lelle

ተጻወተ

spēlēt

መጻወቲ ሑጻ

smilšu kaste

ሰላል

šūpoles

መጻወቲታት

rotaļlietas

ኮንሶል ቪድዮ

spēļu konsole

መጻወቲ ሰለስተ መንኮርኮር

trīsritenis

ተዲ

plīša lācītis

ክብሒ ክዳን

drēbju skapis

ክዳን

apģērbs

ካልስታት

īszeķes

ነዊሕ ካልስታት

zeķes

ስረ ካልሲ

zeķbikses

ሻርባ
šalle

ጽላል
lietussargs

ማልያ
T-krekls

ቁልፊ
siksna

ስኒከርስ
botas

zābaks

čības

ሸበጥ

sandales

ጫማ

kurpes

ረፋዕ ጎማ

gumijas zābaki

ሙታንታ

apakšbikses

ክዳን ጡብ

krūšturis

ትሕተ ካሚቻ

apakškrekls

ቦዲ

bodijs

ስረ

bikses

ጂንስ

džinsi

ቀምሽ

svārki

ካምቻ

blūze

ካሚቻ

krekls

ጉልፎ

pulovers

ጎልፎ

džemperis

ጃኬት

žakete

ጃክት

jaka

ጁባ

mētelis

ክዳን ዝናብ

lietus mētelis

ኮስቱም

kostīms

ቀምሽ

kleita

ቀምሽ መርዓ

kāzu kleita

ልብሲ

uzvalks

ካሚቻ ለይቲ

naktskrekls

ክዳን ለይቲ

pidžama

ሳሪ

sari

መሃረብ ርእሲ

lakats

ቱርባን

turbāns

ቡርካ

burka

ካፍታን

kaftāns

ኣባያ

abaja

ክዳን መሕምበሲ

peldkostīms

ስረ መሕምበሲ

peldbikses

ሓጺር ስረ

šorti

ክዳን ታዕሊም

treniņtērps

በጃ ክዳን

priekšauts

ጓንቲ

cimdi

መልጎም
....
poga

መነጽር
....
brilles

በንናጅር
....
rokassprādze

ማዕተብ
....
kaklarota

ቀለበት
....
gredzens

ኩትሻ
....
auskars

ቆብዕ
....
cepure

መንበሪ ጁባ
....
drēbju pakaramais

ባርኔጣ
....
platmale

ካርራቫት
....
kaklasaite

ሻርነጣ
....
rāvējslēdzējs

ሀልመት
....
ķivere

መድልደል ስረ
....
bikšturi

ድቢዛ ቤትትምህርቲ
....
skolas forma

ድቢዛ
....
uniforma

ሰደርያ ቆልዓ

priekšautiņš

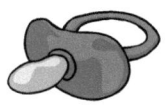

ዓባስ

māneklis

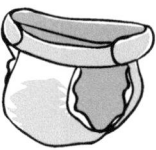

ጨርቂ ማማይ

autiņbiksītes

ቤት ጽሕፈት

birojs

ሰርቨር
serveris
ክብሒ ሰነድ
dokumentu skapis
ፕሪንተር
printeris
ወረቐት
papīrs
ሞኒቶር
monitors
pele
ጣውላ ምጽሓፍ
rakstāmgalds
dokumentu vāki
ኪቦርድ
klaviatūra
ጎሓፍ ወረቐት
papīrgrozs
ኮምፒተር
dators
መንበር
krēsls

ብርጭቆ ቡን

kafijas krūze

ካልኩለተር

kalkulators

ኢንተርነት

internets

ለፕቶፕ

....

portatīvais dators

ደብዳበ

....

vēstule

መልእኽቲ

....

ziņa

ሞባይል

....

mobilais tālrunis

ነትወርክ/መርበብ

....

tīkls

መቅድሒ ፎቶኮፒ

....

kopētājs

ሶፍትዌር

....

programmatūra

ተለፎን

....

telefons

ሶከት ኳረንቲ

....

rozete

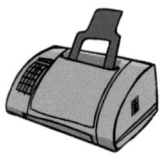

ፋክስ

....

faksa aparāts

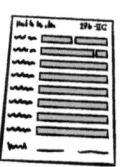

ፎርም

....

formulārs

ሰነድ

....

dokuments

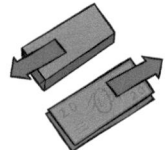

ገዘአ

pirkt

ከፈለ

samaksāt

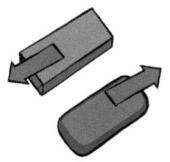

ንግዲ

tirgot

ገንዘብ

nauda

ዶላር

dolārs

ኦይሮ

eiro

የን

jēna

ሩበል

rublis

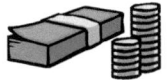

ስዊዝ ፍራንክን

franks

ረንሚንቢ ዩዋን

juaņa renminbi

ሩፒየ

rūpija

መውጽኢ ማሺን ገንዘብ

bankomāts

ቦታ ቅያር ገንዘብ

valūtas maiņas punkts

ወርቂ

zelts

ብሩር

sudrabs

ዘይቲ

nafta

ሓይሊ

enerģija

ዋጋ

cena

ውዕል

līgums

ቀረጽ

nodoklis

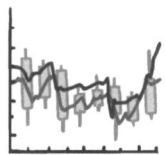

እኩብ ጥረ-ነገራት

akcija

ሰርሐ

strādāt

ሰራሕተኛ

darbinieks

ኣሰራሒ

darba devējs

ትካል

fabrika

ዱኳን

veikals

በዓል ፖሊስ
policists
መጠፈኢ ሓዊ
ugunsdzēsējs
ከሻኒ
pavārs
ሓኪም
ārsts
መራሒ ነፋሪት
pilots

ሰራሕተኛ ጀርዲን

dārznieks

ጸራቢ ዕንጸይቲ

galdnieks

ሰፋይት

šuvēja

ፈራዳይ

tiesnesis

ቀማሚ

ķīmiķis

ተዋሳኢ

aktieris

መራሒ ኣዉቶቡስ

autobusa vadītājs

ኣውቲስታ ታክሲ

taksometra vadītājs

ገፋፊ ዓሳ

zvejnieks

ጸራጊት

apkopēja

ሃናጻይ ናሕሲ

jumiķis

ኣሰላፊ

viesmīlis

ሃዳናይ

mednieks

ሰኣላይ

gleznotājs

እንዳ ሕብስቲ

maiznieks

ኤለትሪክኛ

elektriķis

ሃናጺ ኣባይቲ

celtnieks

ሃንዳሲ

inženieris

ሰራሕተኛ እንዳ ስጋ

miesnieks

ድራብሊኮ

skārdnieks

ኣማላሲ ፖስጣ

pastnieks

ወተሃደር
karavīrs

መሃንድስ
arhitekts

ተሓዝ ገንዘብ
kasieris

ሰራሕተኛ ዕምባባ
florists

ቀም ቃማይ
frizieris

ፈተሪኖ
konduktors

መካኒክ
mehāniķis

መራሒ መርከብ
kapteinis

ሓኪም ስኒ
zobārsts

ተመራማሪ
zinātnieks

ራቢ
rabīns

ኢማም
imāms

ፈላሲ
mūks

ቀሺ
mācītājs

ናውቲ
instrumenti

ሞደሻ
āmurs
ጉጤት
knaibles
ዘዋር መስኒ
skrūvgriezis
መፋትሕ
uzgriežņu atslēga
ላምፓዲና
kabatas lukturīt

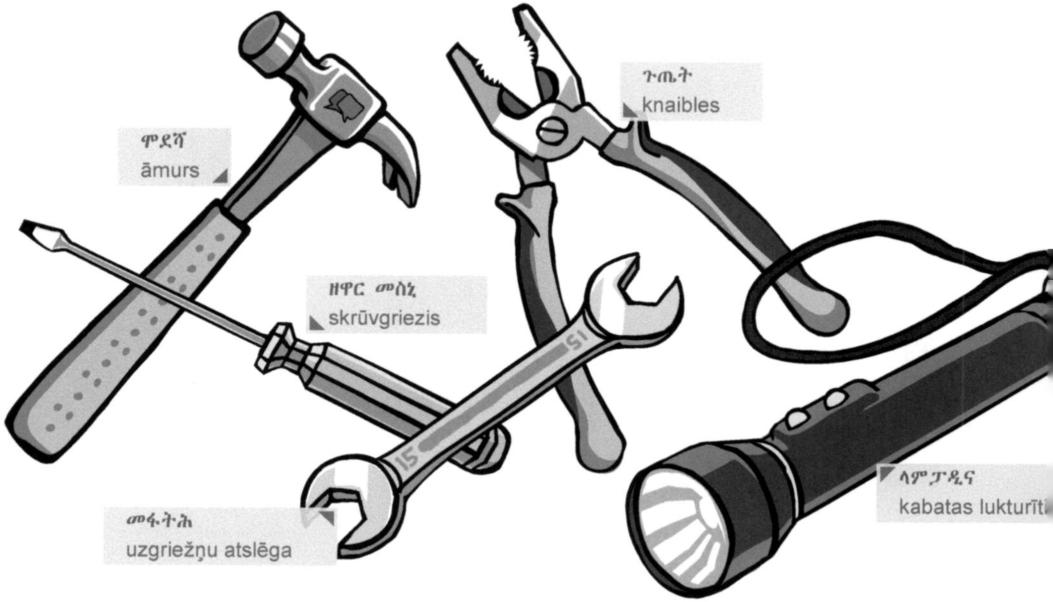

ፈሓሪ
ekskavators

ናውቲ ቦክስ
instrumentu kaste

መደያይቦ
kāpnes

መጋዝ
zāģis

መስማር
naglas

ኩዓቲ
urbis

ምዕራይ

remontēt

ባደላ

lāpsta

ኣይ!

Velns!

መትሓዚ ዶሮና

liekšķere

ድስቲ ቀለም

krāsas bundža

ካቻቢ.ተ

skrūves

መሳርሒ ሙዚቃ
mūzikas instrumenti

እስፒከር
skaļrunis
bungas
ረጕድ ዓባይ ጊታር
kontrabass
ትሮምፐት
trompete
ጊታር
ģitāra

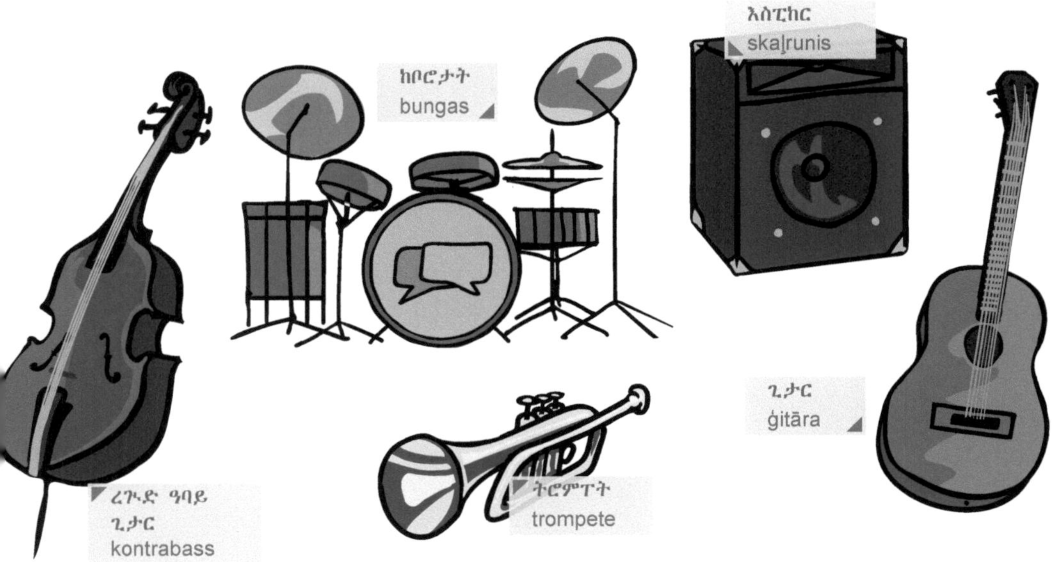

ፒያኖ

....

klavieres

ቪዮሊን

....

vijole

ባስ ጊታር

....

bass

ቲምንኢ

....

timpāni

ከቦሮ

....

bungas

ኦርጋን

....

digitālās klavieres

ሳክሶፎን

....

saksofons

ሻምብቆ

....

flauta

ሚክሮፎን

....

mikrofons

መካነ እንስሳታት

zooloģiskais dārzs

tīģeris
ጎብያ
būris
ኣድጊ በረኻ
zebra
መግቢ እንስሳ
dzīvnieku barība
መእተዊ
ieeja
ፓንዳ
panda

እንስሳታት

dzīvnieki

ሓርማዝ

zilonis

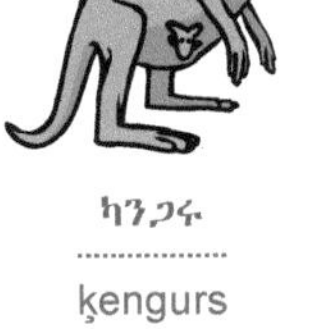

ካንጋሩ

ķengurs

ሓሪሽ

degunradzis

ጉሪላ

gorilla

ድቢ

lācis

ገመል

kamielis

ሰገን

strauss

ኣንበሳ

lauva

ህበይ

pērtiķis

ፍላሚንጎ

flamings

ሕንጻይ

papagailis

ድቢ በረድ

polārlācis

ፐንጉን

pingvīns

ከልቢ ዓሳ

haizivs

ጣውስ

pāvs

ተመን

čūska

ሓርገጽ

krokodils

ሓላዊ ቤት ገርድሽ

zoodārza sargs

ዓሳ ዚምገብ እንስሳ ባሕሪ

ronis

ጃጓር

jaguārs

ሓጺር ፈረስ

....

ponijs

ነብሪ

....

leopards

ጉማረ

....

nīlzirgs

ጂራፍ

....

žirafe

ሊላ

....

ērglis

መፍለስ

....

meža cūka

ዓሳ

....

zivs

ጎብየ

....

bruņurupucis

ዋልሩስ

....

valzirgs

ወኻርያ

....

lapsa

ሰስሓ

....

gazele

ስፖርት

sports

ናይ ኣሜሪካ ኩዕሶ እግሪ
amerikāņu futbols
ምዝዋር ብሽግለታ
riteņbraukšana
ተኒስ
teniss
ባስከትባል
basketbols
ምሕምባስ
peldēšana
ቦክሲንግ
bokss
ሆኪ በረድ
hokejs

ኩዕሶ እግሪ

futbols

ባድሚንቶን

badmintons

እስፖርታዊ ንጥፈታት

vieglatlētika

ኩዕሶ ኢድ

rokas bumba

ስኪ

slēpošana

ፖሎ

polo

ሰሓቐ
smieties
ነጠረ
lēkt
ሓቖፈ
apskaut
ከደ
iet
dziedāt
ሓለመ
sapņot
ጸለየ
lūgt
ሰዓመ
skūpstīt

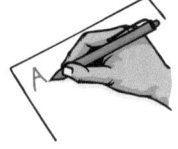

ጻሓፈ
rakstīt

ሰኣለ
zīmēt

ኣርኣየ
rādīt

ደፍአ
spiest

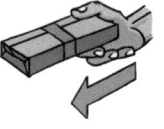

ሃበ
dot

ወሰደ
ņemt

ኣለወ

būt

ገበረ

darīt

ኮነ

būt

ጠጠው በለ

stāvēt

ጎየየ

skriet

ሰሓበ

vilkt

ሰንደወ

mest

ወደቐ

krist

ሓሰወ

gulēt

ተጸበየ

gaidīt

ሰከም

nest

ኮፍ በለ

sēdēt

ተኸድነ

uzģērbt

ደቀሰ

gulēt

ተስአ

pamosties

ረኣየ
....
skatīties

በኸየ
....
raudāt

ብኣጻብዑ ደረዘ
....
glāstīt

መሸጠ
....
ķemmēt

ተዛረበ
....
runāt

ተረድአ
....
saprast

ሓተተ
....
jautāt

ሰምዐ
....
dzirdēt

ሰተየ
....
dzert

በልዐ
....
ēst

ኣቐመጠ
....
sakārtot

ኣፍቀረ
....
mīlēt

ከሸነ
....
vārīt

ዘወረ
....
braukt

ነፈረ
....
lidot

ብመርከብ ገየሸ

burot

ደመረ

rēķināt

ኣንበበ

lasīt

ተመሃረ

mācīties

ሰርሐ

strādāt

መርዓወ

precēties

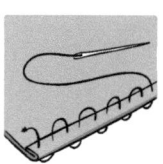

ሰፈየ

šūt

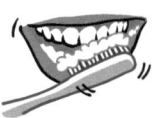

ጽሬት ኣስናን

tīrīt zobus

ቀተለ

nogalināt

ሽጋራ ተከኸ

smēķēt

ሰደደ

sūtīt

ስድራቤት

ģimene

ዓባየ
vecāmāte
ኣቦሓጎ
vectēvs
ኣቦ
tēvs
ኣደ
māte
ማማይ
mazulis
ጓል
meita
ወዲ
dēls

ጋሻ

....

viesis

ሓትኖ

....

tante

ኣኮ

....

onkulis

ሓው

....

brālis

ሓፍቲ

....

māsa

ኣካላት

ķermenis

ግንባር
piere
ዓይኒ
acs
መንኩብ
plecs
ኣጻብዕ
pirksts
ገጽ
seja
መንከስ
zods
ኢድ
roka
ሽፋን እግሪ
kāja
ኣፍ-ልቢ
krūtis
ምናት
roka

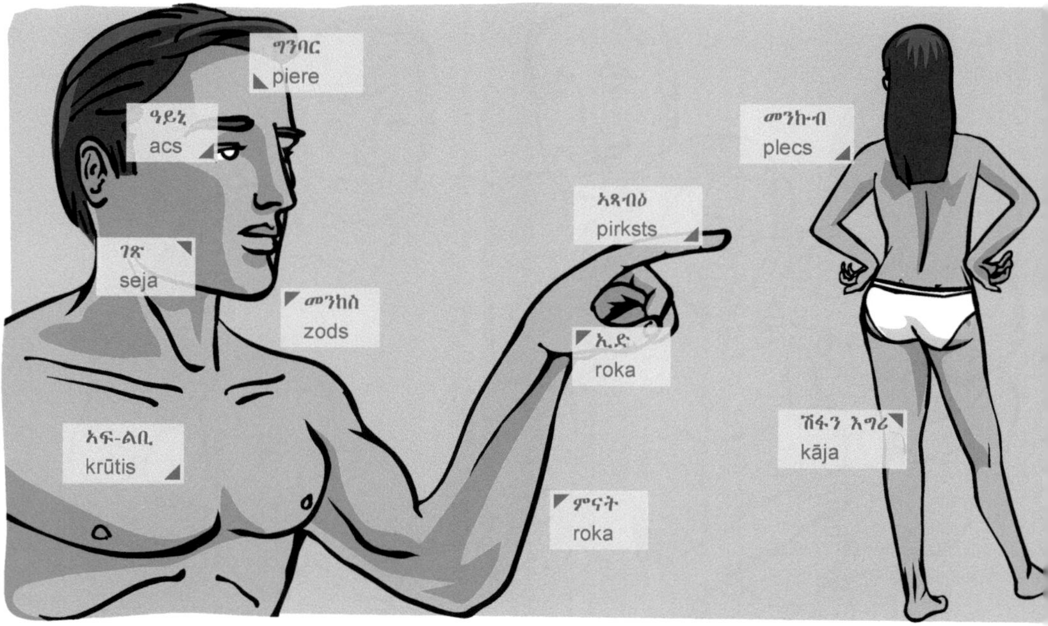

ማማይ

mazulis

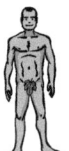

ሰብኣይ

vīrietis

ሰበይቲ

sieviete

ጓል

meitene

ወዲ

zēns

ርእሲ

galva

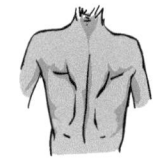

ሕቖ

mugura

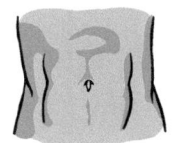

ከስዐ

vēders

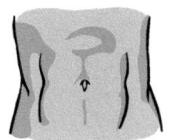

ሕምብርቲ

naba

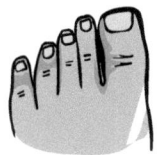

ኣጻብዕ እግሪ

kājas pirksts

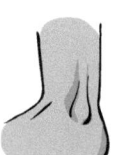

ኲርኾረ

papēdis

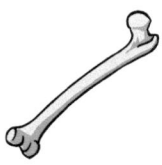

ዓጽሚ

kauls

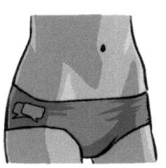

ምሕኽልቲ

gurns

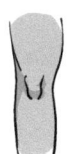

ብርኪ

celis

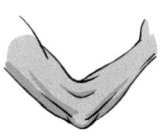

ፎግፎ

elkonis

ኣፍንጫ

deguns

መዓኮር

dibens

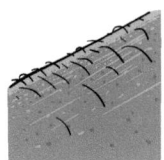

ቆርበት

āda

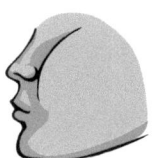

ምዕጉርቲ

vaigs

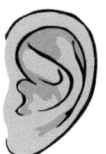

እዝኒ

auss

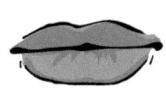

ከንፈር

lūpa

አፍ

mute

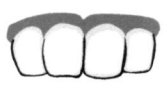

ስኒ

zobs

መልሓስ

mēle

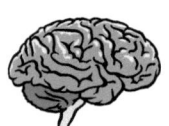

ሓንጎል

smadzenes

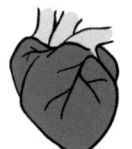

ልቢ

sirds

ጭዋዳ

muskulis

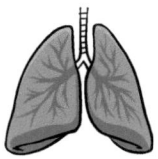

ሳንቡእ

plaušas

ጸላም ከብዲ

aknas

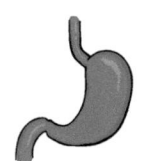

ከብዲ

kuņģis

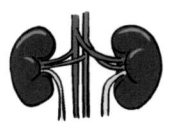

ኵሊት

nieres

ግብረ ስጋ

dzimumakts

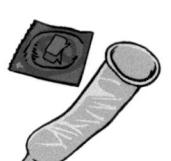

ኮንዶም

kondoms

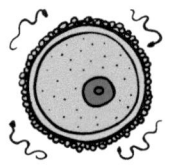

እንቋቑሖ

olšūna

ዘርኢ ተባዕታይ

sperma

ጥንሲ

grūtniecība

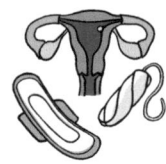

ጽግያት
menstruācijas

ርሕሚ
vagīna

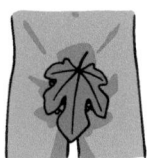

መትሎ
penis

ሽፋሽፍቲ
uzacs

ጸግሪ
mati

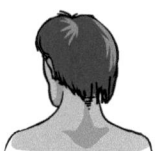

ክሳድ
kakls

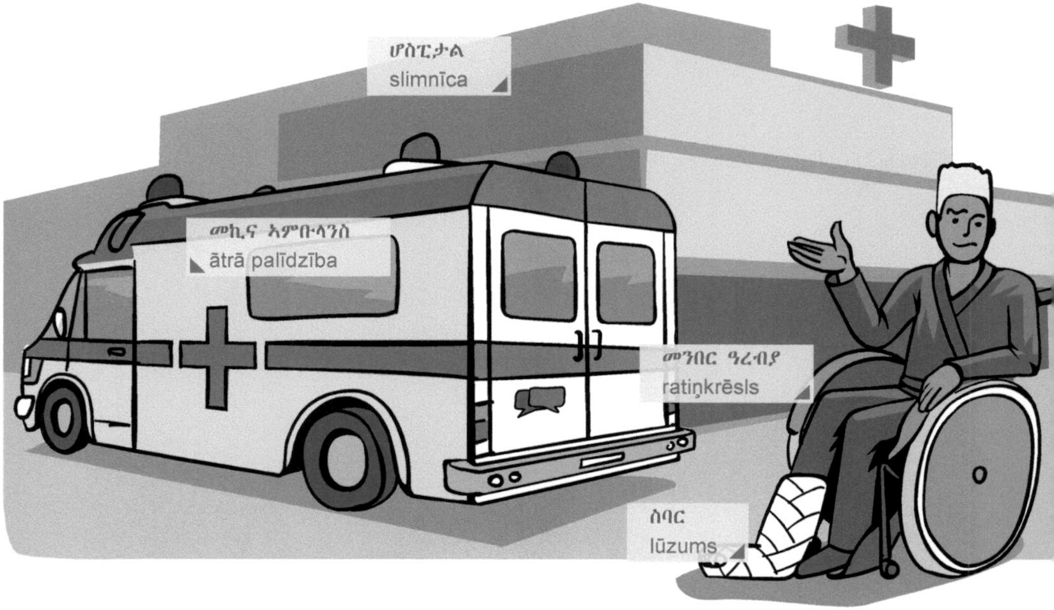

ሆስፒታል
slimnīca
መኪና ኣምቡላንስ
ātrā palīdzība
መንበር ዓረብያ
ratiņkrēsls
ስባር
lūzums

ሓኪም

ārsts

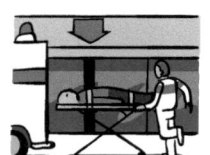

ክፍሊ ህጹጽ ረድኤት

neatliekamās palīdzības nodaļa

ኣላይት

medmāsa

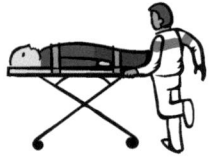

ህጹጽ ኩነት

ārkārtas gadījums

ውንኡ ዘጥፍአ

paģībis

ቃንዛ

sāpes

72 ሆስፒታል - slimnīca

ጉድኣት

ievainojums

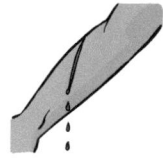

ደም

asiņošana

ማህረምቲ

sirdslēkme

ማህረምቲ

insults

ኣለርጂ

alerģija

ሰዓል

klepus

ረስኒ

temperatūra

ኢንፍልወንዛ

gripa

ውጽኣት

caureja

ቃንዛ ርእሲ

galvassāpes

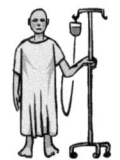

መንሽሮ

vēzis

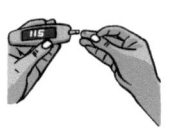

ሹኮርያ

diabēts

ሓኪም መጥባሕቲ

ķirurgs

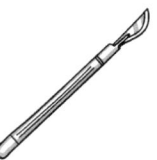

መጥብሒ

skalpelis

መጥባሕቲ

operācija

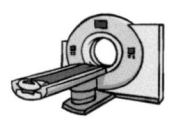

CT

datortomogrāfija

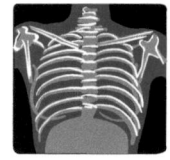

ራጂ

rentgents

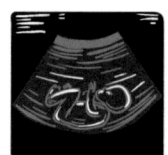

ልዕለ ድምጻዊ

ultraskaņa

መሸፈኒ ገጽ

sejas maska

ሕማም

slimība

ክፍሊ ምጽባይ

uzgaidāmā telpa

ምርኩስ

kruķis

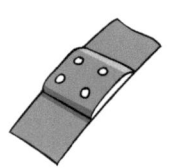

መጀነኒ ቑስሊ

plāksteris

መጀነኒ

apsējs

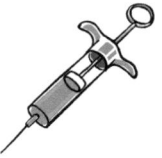

መርፍዕ ምውጋእ

injekcija

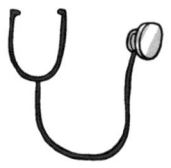

ስተቶስኮፕ

stetoskops

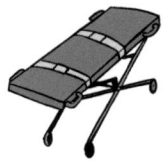

መሰከሚ ሕማም

nestuves

ቴርሞመተር

termometrs

ትውልዲ

dzemdības

ልዕለ-ሚዛን

liekais svars

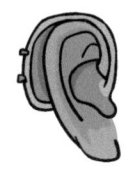

ሓገዝ ምስማዕ

dzirdes aparāts

ኣንጻሂ

dezinfekcijas līdzeklis

ለበዳ

infekcija

ቫይረስ

vīruss

ኤድስ

HIV / AIDS

ሕክምና

zāles

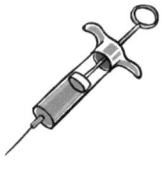

ክታብ

pote

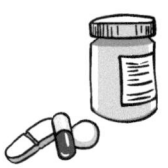

ከኒና

tabletes

ከኒና

pretapaugļošanās tablete

ህጹጽ ምድዋል

ārkārtas izsaukums

መዕቀኒ ጸቕጢ ደም

asinsspiediena mērītājs

ሕሙም / ጥዑይ

slims / vesels

ህጹጽ ኩነት
ārkārtas gadījums

ሓገዝ

Palīgā!

ኣላርም

trauksme

ምህጃም

uzbrukums

መጥቃዕቲ

uzbrukums

ድንገት

bīstamība

ህጹጽ መውጽኢ

avārijas izeja

ሓዊ!

Uguns!

መጥፋኢ ሓዊ

ugunsdzēšamais aparāts

ሓደጋ

negadījums

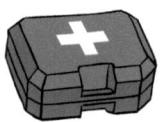

ሳንጣ ቀዳማይ ረድኤት

pirmās palīdzības aptieciņa

SOS

SOS

ፖሊስ

policija

ምድሪ
zeme

ኤውሮጳ

Eiropa

ሰሜን ኣመሪካ

Ziemeļamerika

ደቡብ ኣመሪካ

Dienvidamerika

ኣፍሪቃ

Āfrika

ኤስያ

Āzija

ኣውስትራልያ

Austrālija

ኣትላንቲክ

Atlantijas okeāns

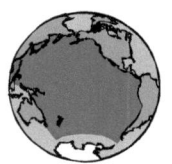

ፓሲፊክ

Klusais okeāns

ህንዳዊ ዉቕያኖስ

Indijas okeāns

ኣንታርቲካዊ ዉቕያኖስ

Dienvidu okeāns

ኣርክቲካዊ ዉቕያኖስ

Ziemeļu ledus okeāns

ሰሜናዊ ዋልታ

Ziemeļpols

ደቡባዊ ዋልታ

Dienvidpols

ኣንታርቲካ

Antarktika

ምድሪ

zeme

መሬት

zeme

ባሕሪ

jūra

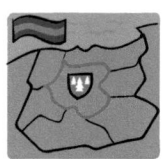

ደሴት

sala

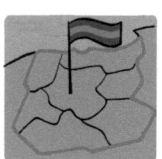

ሃገር

nācija

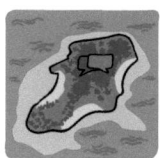

ዓዲ

valsts

ገጽ ሰዓት

ciparnīca

ኣመልካቲ ሰዓታት

stundu rādītājs

ኣመልካቲ ደቓይቕ

minūšu rādītājs

ኣመልካቲ ካልኢት

sekunžu rādītājs

ሰዓት ክንደይ ኣሎ?

Cik ir pulkstenis?

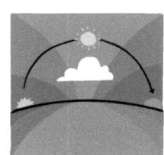

መዓልቲ

diena

ግዜ

laiks

ሕጂ

tagad

ዲጂታል ሰዓት

digitālais pulkstenis

ደቒቕ

minūte

ሰዓት

stunda

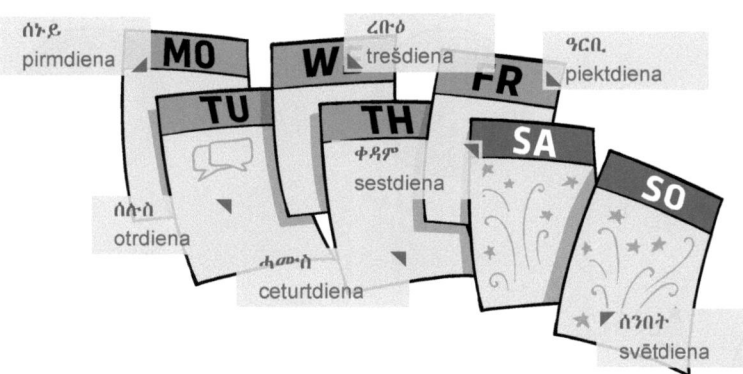

ሰሙን

nedēļa

MO
TU
W
TH
FR
SA
SO
ሰኑይ
pirmdiena
ሰሉስ
otrdiena
ረቡዕ
trešdiena
ሓሙስ
ceturtdiena
ዓርቢ
piektdiena
ቀዳም
sestdiena
ሰንበት
svētdiena

ትማሊ

vakardien

ሎሚ

šodien

ጽባሕ

rītdien

ንጉሆ

rīts

ቀትሪ

pusdienlaiks

ምሸት

vakars

መዓልታት ስራሕ

darbadienas

መወዳእታ ሰሙን

brīvdienas

ዓመት

gads

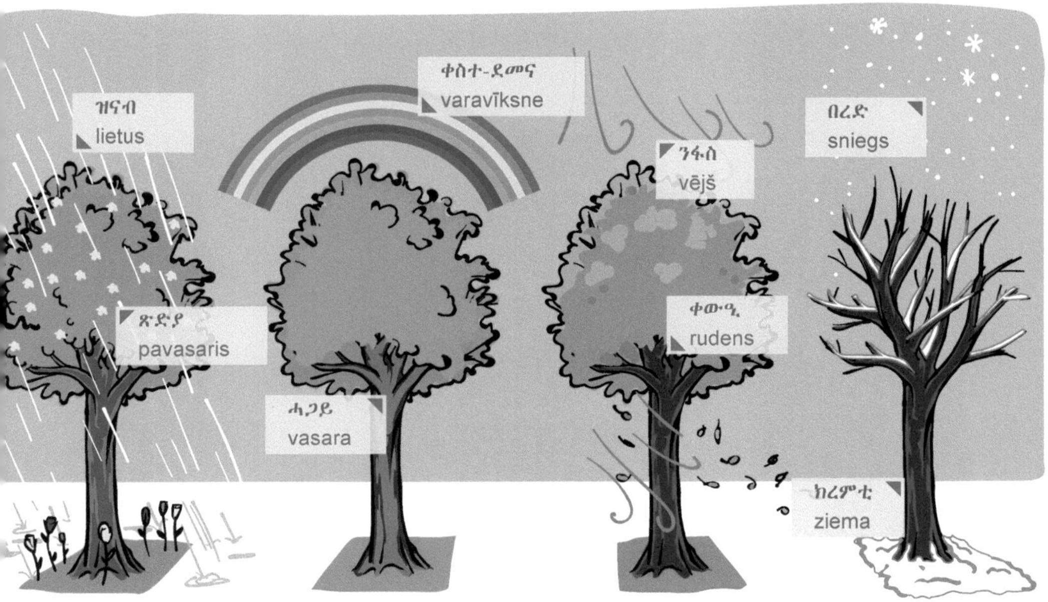

ዝናብ
lietus
ቀስተ-ደመና
varavīksne
ንፋስ
vējš
በረድ
sniegs
ጽድያ
pavasaris
ሓጋይ
vasara
ቀውዒ
rudens
ክረምቲ
ziema

ትንቢት ኩነታት ኣየር

laika prognoze

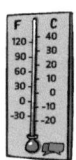

ቴርሞመተር

termometrs

ብርሃን ጸሓይ

saules gaisma

ደበና

mākonis

ግመ

migla

ጠሊ

gaisa mitrums

ብርቂ

zibens

ነጎዳ

pērkons

ህቦብላ

vētra

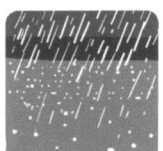

በረድ

krusa

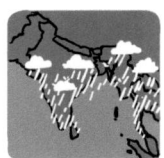

ብርቱዕ ህቦብላ

musons

ውሕጅ

plūdi

በረድ

ledus

ጥሪ

janvāris

ለካቲት

februāris

መጋቢት

marts

ሚያዝያ

aprīlis

ግንቦት

maijs

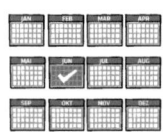

ሰነ

jūnijs

ሓምለ

jūlijs

ነሓሰ

augusts

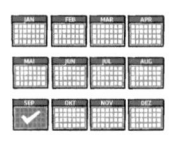

መስከረም

septembris

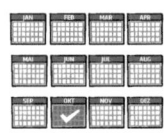

ጥቅምቲ

oktobris

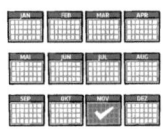

ሕዳር

novembris

ታሕሳስ

decembris

ቅርጽታት

formas

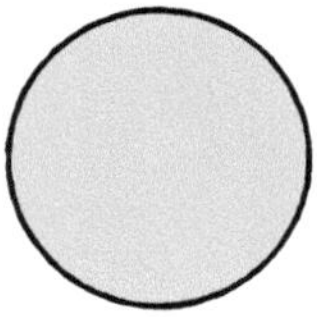

ዙርያ

aplis

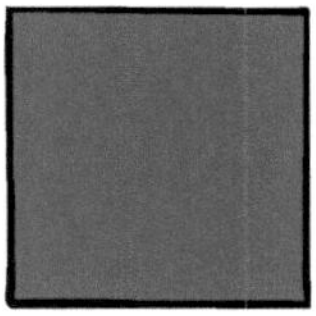

ትርብዒት

kvadrāts

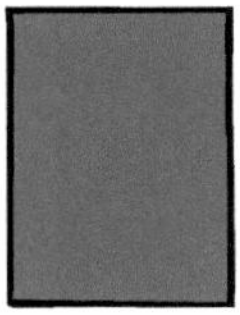

ቅኑዕ ርቡዕ ኩርናዕ

četrstūris

ስሉስ ኩርናዕ

trīsstūris

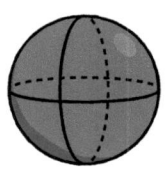

ክቢ

lode

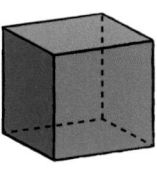

ኩቦ

kubs

ሕብርታት

krāsas

ጻዕዳ

balts

ብጫ

dzeltens

ኣራንሺ

oranžs

ፒንክ

sārts

ቀይሕ

sarkans

ጁኽ

lillā

ሰማያዊ

zils

ቀጠልያ

zaļš

ቡናዊ

brūns

ሓሙኽሽታይ

pelēks

ጸሊም

melns

ብዙሕ / ውሑድ

daudz / maz

ሕሩቕ / ሰላማዊ

saniknots / miermīlīgs

ጽቡቕ / ክፉእ

skaists / neglīts

መጀመርያ / መወዳእታ

sākums / beigas

ዓቢ / ንእሽቶ

liels / mazs

ብሩህ / ጸልማት

gaišs / tumšs

ሓው / ሓፍት

brālis / māsa

ጽሩይ / ርሳሕ

tīrs / netīrs

ምሉእ / ዘይምሉእ

pilnīgs / nepilnīgs

መዓልቲ / ለይቲ

diena / nakts

ሙዉት / ህልው

miris / dzīvs

ሰፊሕ / ጸቢብ

plats / šaurs

ደስ ዘበል / ደስ ዘይብል

baudāms / nebaudāms

እኩይ / ህያዋይ

nikns / laipns

ርቡጽ / ስልኩይ

satraukts / garlaikots

ረጊድ / ቀጢን

resns / tievs

ቀዳማይ / ናይ መወዳእታ

pirmais /pēdējais

ዓርኪ / ጸላኢ

draugs / ienaidnieks

ምሉእ / ባዶ

pilns / tukšs

ተሪር / ልስሉስ

ciets / mīksts

ከቢድ / ፈኲስ

smags / viegls

ጥምየት / ጽምየት

izsalkums / slāpes

ሕሙም / ጥዑይ

slims / vesels

ዘይሕጋዊ / ሕጋዊ

nelegāls / legāls

መስተውዓሊ / ስዲ

inteliģents / dumjš

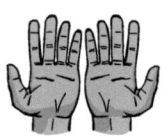

ጸጋም / የማን

kreisais / labais

ቐረባ / ርሑቕ

tuvu / tālu

ሓዲሽ / ብሉይ

jauns / lietots

ዋላ ሓደ / ገለ

nekas / kaut kas

ዓቢ/ኣረጊት / መንእሰይ

vecs / jauns

ወልዕ / ኣጥፍእ

ieslēgts / izslēgts

ክፉት / ዕጹው

atvērts / slēgts

ህዱእ / ዓው

kluss / skaļš

ሃብታም / ድኻ

bagāts / nabags

ቅኑዕ / ግጉይ

pareizi / nepareizi

ሓርፋፍ / ልሙጽ

raupjš / gluds

ጉሁይ / ሕጉስ

noskumis / laimīgs

ሓጺር / ነዊሕ

īss / garš

ቀስ / ቅልጡፍ

lēns / ātrs

ጥሉል / ንቑጽ

slapjš / sauss

ምዉቕ / ዝሑል

silts / vēss

ውግእ / ሰላም

karš / miers

ቁጽርታት

skaitļi

0	1	2
ዜሮ	ሓደ	ክልተ
nulle	viens	divi
3	4	5
ሰለስተ	ኣርባዕተ	ሓሙሽተ
trīs	četri	pieci
6	7	8
ሽዱሽተ	ሸውዓተ	ሸሞንተ
seši	septiņi	astoņi
9	10	11
ትሽዓተ	ዓሰርተ	ዓሰርተ ሓደ
deviņi	desmit	vienpadsmit

12

ዓሰርተ ክልተ

divpadsmit

13

ዓሰርተ ሰለስተ

trīspadsmit

14

ዓሰርተ ኣርባዕተ

četrpadsmit

15

ዓሰርተ ሓሙሽተ

piecpadsmit

16

ዓሰርተ ሽዱሽተ

sešpadsmit

17

ዓሰርተ ሸውዓተ

septiņpadsmit

18

ዓሰርተ ሸሞንተ

astoņpadsmit

19

ዓሰርተ ትሽዓተ

deviņpadsmit

20

ዕስራ

divdesmit

100

ሚእቲ

simts

1.000

ሽሕ

tūkstotis

1.000.000

ሚልዮን

miljons

ቋንቋታት

Valodas

እንግሊዝኛ

angļu

አመሪካዊ እንግሊዛዊ

amerikāņu angļu

ቻይናዊ ማንዳሪን

ķīniešu mandarīnu valoda

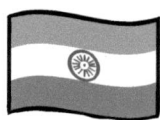

ሂንዳዊ

hindi

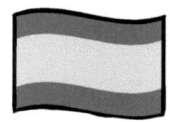

እስጳኛዊ

spāņu

ፈረንሳዊ

franču

ዓረባዊ

arābu

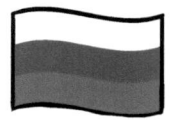

ሩሲያዊ

krievu

ፖርቱጋላዊ

portugāļu

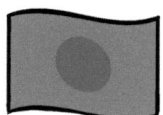

በንጋሊ

bengāļu

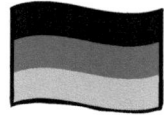

ጀርመናዊ

vācu

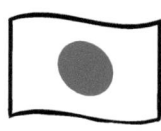

ጃፓናዊ

japāņu

ኣነ

es

ንስኻ/ኺ

tu

ንሱ / ንሳ / ንሱ

viņš / viņa

ንሕና

mēs

ንስኻ

jūs

ንሳቶም

viņi / viņas

መን?

kas?

እንታይ?

ko?

ከመይ?

kā?

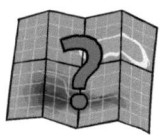

ኣበይ?

kur?

መዓስ?

kad?

ሽም

vārds

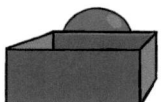

ኣበይ

kur

ድሕሪ

aiz

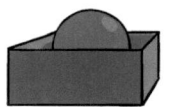

ኣብ

iekšā

ኣብ ቅድሚ

priekšā

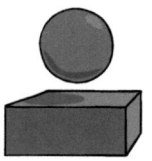

ኣብ ላዕሊ

virs

ኣብ ልዕሊ

uz

ትሕቲ ምድሪ

zem

ኣብ ጥቓ

blakus

ኣብ መንጎ

starp

ቦታ

vieta